다이노맨 색칠 놀이

《출동! 다이노맨 멸종 동물들을 구해 줘!①》

기획 ㈜스튜디오 버튼★시나리오 장혜정★글 이윤진★그림 이혜영

한솔수북

기획 ★ ㈜스튜디오 버튼

버튼 스튜디오는 〈강철소방대 파이어로보〉 〈쥬라기캅스〉
〈출동! 유후 구조대〉 〈시간탐험대 다이노맨〉 들을 기획·제작한 콘텐츠 전문 기업입니다.
다이노맨이 남녀노소 누구나 좋아하는 한국형 슈퍼히어로가 되도록
최선을 다해 노력하고 있습니다.

시나리오 ★ 장혜정

책 속 모험을 즐기다가 국문학을 공부한 뒤, 작가가 되었습니다.
작품으로는 〈뽀로로와 친구들〉 〈뽀로로의 대모험〉 〈선물공룡 디보〉
〈출동! 유후 구조대〉 〈시크릿 쥬쥬〉 〈시간탐험대 다이노맨〉 들이 있습니다.
지금은 영국과 아일랜드를 오가며 요정 찾기 탐험을 하고 있습니다.

글 ★ 이윤진

재미있는 상상과 소소한 행복, 알찬 정보를 담은 이야기를
아이들한테 들려주고 싶어서 글을 쓰고 있습니다.
지은 책으로는 《장날》 《도대체 뭐라고 말하지? 일기 쓸 때 자꾸 틀리는 맞춤법》
《2호의 섭섭 일기》 《베른하르트 가족, 자동차 타고 동물원 가다》 《행복 구덩이》 《너무너무 쉬운 초등 글쓰기》 들이 있습니다.

그림 ★ 이혜영

그림 한 컷으로도 수만 가지 상상이 자라고, 따뜻한 생명력이 느껴지길 바라며
아이들을 위해 재미있고 신나게 그림을 그리고 있습니다.
2008년에 애니메이션 〈꼬잉꼬잉 이솝극장〉 디자인을 시작으로 《숨은 그림 찾으며 수수께끼 300》 《낮과 밤 이야기》
《집을 비운 사이 도깨비가》 《딸기가 좋아》 《똑딱똑딱 시간 나라의 비밀》 들에 그림을 그렸습니다.

출동! 다이노맨 멸종 동물들을 구해 줘! ①

기획 ㈜스튜디오 버튼 | 시나리오 장혜정 | 글 이윤진 | 그림 이혜영

초판 1쇄 펴낸날 2022년 10월 7일
편집장 한해숙 | 편집 이윤진, 신경아 | 디자인 최성수, 이이환 | 마케팅 박영준, 한지훈 | 홍보 정보영, 박소현 | 경영지원 김효순
펴낸이 조은희 | 펴낸곳 ㈜한솔수북 | 출판등록 제2013-000276호 | 주소 03996 서울시 마포구 월드컵로 96 영훈빌딩 5층
전화 02-2001-5822(편집), 02-2001-5828(영업) | 전송 02-2060-0108 | 전자우편 isoobook@eduhansol.co.kr
블로그 blog.naver.com/hsoobook | 인스타그램 soobook2 | 페이스북 soobook2
ISBN 979-11-92686-05-9 73490

어린이제품안전특별법에 의한 제품 표시
품명 도서 | 사용연령 만 5세 이상 | 제조국 대한민국 | 제조자명 ㈜한솔수북 | 제조년월 2022년 10월

ⓒ 2022 ㈜스튜디오 버튼, ㈜미미월드

※ 저작권법으로 보호받는 저작물이므로 저작권자의 서면 동의 없이
   다른 곳에 옮겨 싣거나 베껴 쓸 수 없으며 전산장치에 저장할 수 없습니다.
※ 값은 뒤표지에 있습니다.

다이노맨을 애니메이션으로 만나 보아요!

큐알 코드를 찍어서
독자 참여 신청을 하시면
선물을 보내 드립니다.

한솔수북의 모든 책은
아이의 눈, 엄마의 마음으로 만듭니다.

출동! 다이노맨
멸종 동물들을 구해 줘! ①

기획 ㈜스튜디오 버튼 ★ 시나리오 장혜정 ★ 글 이윤진 ★ 그림 이혜영

아침 해가 눈부시게 떠오르고 있어요.
공룡 호수가 유난히 반짝이는 이곳은 공룡 친구들이 살아가는 다이노 월드입니다.

힘이 엄청 센 시간탐험대 대장, 다이노맨은 오늘도 열심히 운동을 하고 있어요.

아는 게 많은 최고의 똑똑이, 프테라맨은 부지런히 책을 읽고 있지요.

궁금한 것이 정말 많은 케라걸은 열심히 당근 텃밭을 가꾸고 있고,

구름 목걸이가 멋진 브론토맨은 음악을 들으며 그림을 그리고 있었지요.

그때 다이노 스테이션 뿔에서 빛이 깜빡이고 사이렌이 울리기 시작했어요.

시간탐험대 대원들은 서둘러 브리핑 룸으로 후다닥 달려갔어요.
그곳에는 천재 과학자 트루 박사님이 기다리고 있었지요.

출동 준비를 끝낸 다이노맨은 버튼을 누르며 힘차게 외쳤어요.

시간탐험대는 타임머신 다이노 플래시를 타고 과거로 떠났지요.
위험에 빠진 멸종 동물이 있는 곳이라면 어디든지 출동해요.

이 책을 알차게 보는 방법

★ 각 장의 시작은 멸종 동물들의 서식지를 알려 주는 지도로 구성되어 있어요.
★ 멸종 동물들이 살았던 곳이 어디인지 한눈에 볼 수 있어요.

★ 애니메이션의 주요 장면을 생생하게 담았어요. 멸종 동물들을 구조하는 시간탐험대의 활약을 볼 수 있어요.

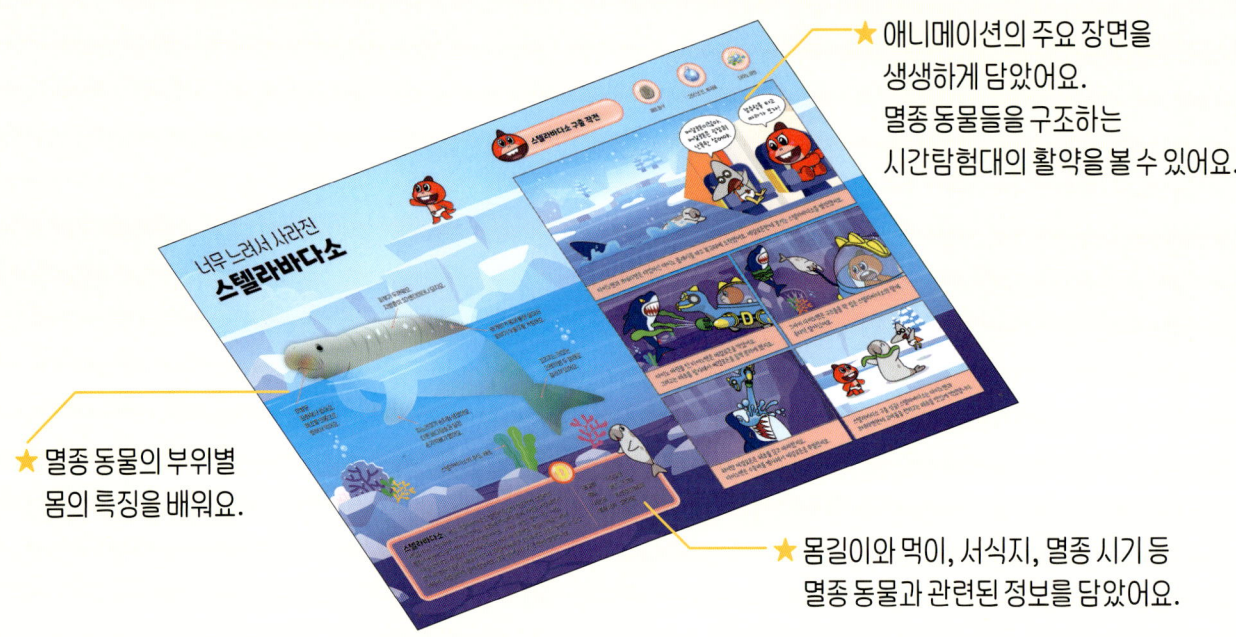

★ 멸종 동물의 부위별 몸의 특징을 배워요.

★ 몸길이와 먹이, 서식지, 멸종 시기 등 멸종 동물과 관련된 정보를 담았어요.

★ 퀴즈, 미로 찾기, 다른 그림 찾기와 같은 재미있는 놀이 활동을 구성했어요.

시간 탐험을 떠나는 순서

다이노맨·프테라맨과 함께하는 시간 탐험

구출 작전 ①북극해 **스텔라바다소** …………… 16
구출 작전 ②시베리아 **털매머드** …………… 18
구출 작전 ③뉴질랜드 **와이마누** …………… 20
구출 작전 ④호주 **메이올라니아** …………… 22
구출 작전 ⑤북아메리카 **둔클레오스테우스** …………… 24
구출 작전 ⑥스위스 **동굴곰** …………… 26
구출 작전 ⑦시베리아 **엘라스모테리움** …………… 28
구출 작전 ⑧미국 **마스토돈** …………… 30
구출 작전 ⑨중국 **오돈토켈리스** …………… 32

다이노맨·브론토맨과 함께하는 시간 탐험

구출 작전 ①쿠바 **쿠바홍금강앵무** …………… 36
구출 작전 ②남태평양 **어룡** …………… 38
구출 작전 ③미국 **스밀로돈** …………… 40
구출 작전 ④미국 **디메트로돈** …………… 42
구출 작전 ⑤모리셔스섬 **도도새** …………… 44
구출 작전 ⑥괌섬 **괌큰박쥐** …………… 46
구출 작전 ⑦아이슬란드 **큰바다쇠오리** …………… 48
구출 작전 ⑧프랑스 **동굴사자** …………… 50
구출 작전 ⑨키르기스스탄 **샤로빕테릭스** …………… 52

다이노맨·케라걸과 함께하는 시간 탐험

구출 작전 ①남아프리카 **디익토돈** …………… 56
구출 작전 ②캐나다 **힐로노무스** …………… 58
구출 작전 ③미국 **에피가울루스** …………… 60
구출 작전 ④남아프리카 **파란영양** …………… 62
구출 작전 ⑤호주 **프로콥토돈** …………… 64
구출 작전 ⑥포르투갈 **스테고사우르스** …………… 66
구출 작전 ⑦이집트 **스토마토수쿠스** …………… 68

다이노맨과 함께하는 OX 구출 작전! …………… 70
누구일까 맞혀 봐! …………… 72
다른 그림을 찾아 봐! …………… 73

다이노맨·프테라맨과 함께하는 시간 탐험

구출 작전 ②시베리아
털매머드

구출 작전 ⑦시베리아
엘라스모테리움

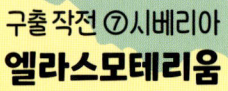

구출 작전 ⑥스위스
동굴곰

구출 작전 ⑨중국
오돈토켈리스

구출 작전 ④호주
메이올라니아

멸종 동물들이 구조 신호를 보낸 곳을 지도에서 살펴본 뒤,
다이노맨·프레라맨과 함께 멸종 동물들을 구하러 떠나 보세요.

구출 작전 ①북극해
스텔라바다소

구출 작전 ⑤북아메리카
둔클레오스테우스

구출 작전 ⑧미국
마스토돈

구출 작전 ③뉴질랜드
와이마누

너무 느려서 사라진
스텔라바다소

피부가 두꺼워요.
지방층이 10센티미터나 되지요.

따개비가 몸에 붙어살아서
피부가 우둘투둘 거칠어요.

이빨은
퇴화해서 없어요.
해초를 잇몸으로
찢어서 먹어요.

꼬리지느러미는
고래처럼 두 갈래로
갈라져 있어요.

지느러미가 손처럼 생겼어요.
다른 바다짐승과 달리
손가락뼈가 없어요.

스텔라바다소의 주식, 해초

스텔라바다소는 처음 스텔라바다소를 발견한 독일의 생물학자 스텔라의 이름을 따서 '스텔라바다소'가 되었어요. 추위에 견디려고 몸에 지방을 저장하면서 몸집이 커졌어요. 몸무게가 자그마치 8톤이지요. 고기와 아몬드 맛이 나는 지방, 가죽을 얻으려고, 사람들은 스텔라바다소를 마구 사냥했어요. 행동이 매우 느려서 빨리 헤엄치지 못하는 데다가 친구가 위험에 처하면 도와주려고 우르르 모여드는 습성 때문에, 사람들한테 쉽게 잡혔지요. 결국 발견된 지 27년 만에 멸종했어요.

- 몸길이   7~9미터
- 먹이   해초, 다시마
- 서식지   북태평양
- 멸종 시기 1768년

 ## 스텔라바다소 구출 작전

 해초 화석    250년 전, 북극해    다이노 마린

다이노맨과 프테라맨은 타임머신 다이노 플래시를 타고 북극해에 도착했어요. 메갈로돈한테 쫓기는 스텔라바다소를 발견했지요.

다이노 마린을 탄 다이노맨은 메갈로돈을 막았어요. 그러고는 해초를 발사해서 메갈로돈을 꼼짝 못하게 했지요.

그사이 다이노맨은 구조줄을 꽉 잡은 스텔라바다소와 함께 후다닥 달아났어요.

하지만 메갈로돈은 해초를 끊고 따라왔지요. 다이노맨은 수중파를 발사해서 메갈로돈을 무찔렀지요.

스텔라바다소 구출 성공! 스텔라바다소는 다이노맨과 프테라맨한테 고마움을 전하고는 해초를 맛있게 먹었답니다.

눈이 엄청 내려서 멸종한
털매머드

이마는 톡 튀어나왔어요.

온몸에 긴 털이 뒤덮여 있어요. 털 한 올의 길이가 90센티미터나 되지요. 안쪽에는 아주 섬세한 털이 겹겹이 있어요.

활처럼 구부러진 채로 길게 뻗은 상아가 두 개 있어요. 상아의 길이는 4.5미터쯤으로, 눈을 헤치고 먹이를 찾느라 더 길어졌지요.

똥구멍에는 여닫을 수 있는 뚜껑이 있어요.

코끝으로 풀을 뜯어 먹어요.

추위에 무장한 털매머드!
온몸을 뒤덮은 털뿐만 아니라 작은 귀, 두꺼운 지방, 여닫는 뚜껑이 있는 똥구멍 덕분에 추위에 무척 강해요.

털매머드는 오늘날의 아시아코끼리와 몸집이 비슷해요. 추운 초원에 살아서, 추위로부터 몸을 보호하려고 온몸에 긴 털이 덥수룩하게 뒤덮여 있지요. 몸집이 큰 털매머드는 하루에 먹이를 180킬로그램쯤 먹어야만 했어요. 하지만 지구가 따뜻해지면서 얼음이 녹고 습도가 높아져서 눈이 엄청 내렸고, 그 바람에 풀이 자랄 수가 없었어요. 먹을거리가 턱없이 부족해진 털매머드는 결국 멸종하게 되었지요. 시베리아에서 얼음 속에 잘 보존된 채로 털매머드가 발견되었어요. 털매머드의 DNA로 과학자들은 많은 연구를 하고 있지요.

- 몸길이   4~5미터
- 먹이   풀, 나뭇잎
- 서식지   시베리아, 북아메리카
- 멸종 시기 신생대 제4기

 # 털매머드 구출 작전

 털매머드의 상아 화석　　 1만 년 전, 시베리아　　 다이노 스노우

우르르 쏟아진 눈덩이가 털매머드 쪽으로 굴러왔어요. 다급한 털매머드의 구조 요청으로 다이노맨과 프테라맨은 1만 년 전으로 타임워프!

하지만 털매머드는 온데간데없었어요. 그런데 다이노맨이 기대고 있던 커다란 눈덩이가 움직이더니, 프테라맨 쪽으로 데굴데굴 굴러갔어요.

다이노맨은 재빨리 눈덩이를 멈춰 세운 뒤, 주먹으로 눈덩이를 깼어요. 눈덩이에는 꽁꽁 언 털매머드가 있었지요.

프테라맨과 다이노맨은 눈이 안 오고 풀도 있는 곳으로 털매머드를 데려다주기로 했어요.

그런데 산 너머로 가는 길에 눈 절벽이 나타났지 뭐예요. 프테라맨은 다이노 스노우로 눈을 뭉쳐 절벽 한쪽을 메꿨지요.

무사히 초원에 도착한 털매머드는 신선하고 맛있는 풀을, 다이노맨과 프테라맨은 최고의 빙수를 맛보았어요.

찬 바다에 적응 못해 멸종한
와이마누

부리가 길고 뾰족해요.

목이 가늘고 길어요.

지느러미형 날개가 있어요.
날개가 좁고 길지요.
날지는 못하지만 물속에서 헤엄을 잘 쳐요.

오늘날 펭귄과 달리 몸이 가늘고, 날씬해요.

와이마누는 '물에 사는 새'라는 뜻으로, 가장 오래된 원시 펭귄이에요. 뉴질랜드 남섬의 팔레오기 지층에서 와이마누 화석이 많이 발견되었지요. 생김새는 바닷새를 닮았지만, 펭귄의 특징을 지니고 있었어요. 뼛속의 밀도가 높아서 하늘을 날지는 못하지만, 물속에서는 헤엄을 잘 쳤지요. 펭귄은 바다를 헤엄쳐서 세계 곳곳으로 퍼져 나갔고, 각 지역의 기후 변화에 적응하면서 크기와 형태가 진화되었어요. 진화하면서 펭귄들은 찬 바다에서 체온 손실을 막는 혈관망이 발달했는데, 와이마누한테는 없었지요.

- 몸길이   65~75센티미터
- 먹이   물고기
- 서식지   뉴질랜드
- 멸종 시기 신생대 고제3기

와이마누 구출 작전

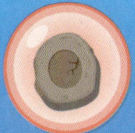
와이마누 알 화석

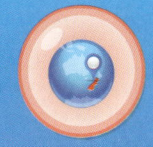
6천만 년 전, 뉴질랜드

다이노 마린

"날 수 있어. 할 수 있어. 펭귄도 새니까!"

와이마누는 하늘을 날고 싶었어요. 절벽에서 뛰어내려 날갯짓을 했지요. 그러다 그만……,

나뭇가지에 발이 걸렸어요. 투둑, 나뭇가지가 부러지려는 찰나 프테라맨이 번개같이 날아왔지요.

"와, 이게 하늘을 나는 기분이구나."

와이마누는 프테라맨 덕분에 하늘을 날았어요. 그 뒤로 프테라맨한테 하늘을 나는 법을 배웠지요.

마지막 수업 날, 와이마누는 연습한 대로 힘차게 뛰어 날갯짓을 했어요. 하지만 곧 바다에 풍덩 빠지고 말았어요.

"캬, 바닷속을 나는 것 같아."

그런데 바닷속에서 와이마누는 날개와 다리를 자연스럽게 움직이면서 헤엄을 칠 수 있었어요.

그 덕분에 와이마누는 자기를 구하겠다고 무턱대고 바다에 뛰어들었던 프테라맨도 도울 수 있었지요.

"바다에서 헤엄치는 게 더 좋아."

와이마누는 마냥 신이 났어요. 바다에서 헤엄치는 것이 더 행복했으니까요.

방어 도구가 너무 많아서 멸종한
메이올라니아

머리 양쪽으로 크고 단단한 돌기가 쭉 튀어나와 있어요. 육식 동물의 공격을 막는 역할을 해요.

뾰족하고 단단한 가시가 뒤덮인 곤봉 모양의 꼬리가 있어요.

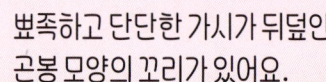

머리가 커서 슬픈 거북!
가시와 머리 양쪽에 돋은 긴 뿔이 있어서 머리둘레가 60센티미터예요.
그래서 등딱지 속에 머리를 넣을 수가 없었지요.

메이올라니아는 육지에서 살았던 거북 가운데 가장 큰 거북으로, 몸길이가 2.5미터쯤으로 덩치가 상당히 컸어요. 특별한 천적이 없음에도 불구하고, 머리 뿔과 곤봉 모양의 꼬리로 자기 방어 태세를 갖추었지요. 이런 방어 도구 때문에 움직임이 느리고, 위험할 때 등딱지로 숨을 수가 없어서 사람들한테 쉽게 잡혔지요. 하지만 메이올라니아가 30만 년 전부터 3만 년 전까지 오랫동안 멸종하지 않고 살 수 있었던 까닭은 호주에 급격한 지층 변화가 적었기 때문이지요.

- 몸길이　2.5미터
- 먹이　풀
- 서식지　호주
- 멸종 시기　신생대제4기

 # 메이올라니아 구출 작전

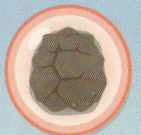 거북 등딱지 화석　 3만 년 전, 호주　 다이노 스노우

갑자기 우박이 떨어졌어요. 메이올라니아는 서둘러 집에 가다가 미끄러져서 몸이 뒤집혔어요.

힘이 센 다이노맨은 메이올라니아를 한 손으로 번쩍 들어 단숨에 일으켜 세워 주었어요.

우박이 다시 쏟아지자, 프테라맨은 다이노 스노우로 메이올라니아를 무사히 집까지 데려다주었지요.

하지만 다이노맨은 메이올라니아가 걱정되었어요. 우박이 쏟아져도 머리 뿔 때문에 등딱지로 피하지 못하거든요.

그래서 다이노맨과 프테라맨은 바퀴를 달아서 메이올라니아를 위한 썰매를 만들기로 했지요.

뚝딱뚝딱, 드디어 바퀴 썰매 완성! 다이노맨은 메이올라니아한테 썰매를 주었지요.

메이올라니아는 썰매에 올라타더니 힘껏 발로 밀었어요. 그러고는 다이노맨과 프테라맨 주위를 빙글빙글 돌며 기뻐했지요.

식물성 플랑크톤이 불어나 멸종한
둔클레오스테우스

갑옷을 입은 것처럼, 머리와 몸 앞부분이 두껍고 딱딱한 골판으로 덮여 있어요.

부리처럼 생긴 뾰족한 이빨이 있어요.

턱은 커다랗고 강력해요. 회전하는 턱관절이 네 개나 있어서 엄청나게 빠른 속도로 입을 여닫아 먹잇감을 공격했어요.

둔클레오스테우스는 고생대 최강의 포식자로, 최초로 턱뼈가 있는 거대 물고기예요. 갑옷을 입은 듯 딱딱한 골판을 두른 몸과 깨무는 힘이 엄청 강한 턱 덕분에 바닷속을 느릿느릿 헤엄치면서 다른 물고기들을 공격했지요.
하지만 데본기 시대에 거대 식물이 나타나면서 위기에 처했어요. 거대 식물이 죽어서 바다로 떠내려오자, 식물성 플랑크톤이 영양분을 흡수하면서 엄청 불어나게 되었지요. 햇빛을 가린 플랑크톤 때문에 산소가 부족해진 둔클레오스테우스는 멸종하고 말았어요.

- 몸길이   6~10미터
- 먹이   물고기
- 서식지   북아메리카, 아프리카
- 멸종 시기 고생대 데본기

 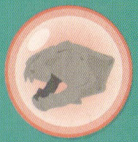  

둔클레오스테우스 구출 작전

  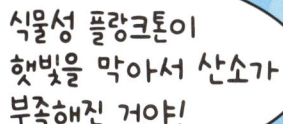     

사람한테 동굴을 빼앗겨 멸종한
동굴곰

머리가 불곰보다 크고, 이마가 앞으로 툭 튀어나왔어요. 코끝과 이마 사이가 가파르지요.

네 발로 걸을 때 어깨까지의 높이가 170센티미터쯤으로, 지금의 곰보다 몸집이 커요.

주둥이 길이는 짧고, 이빨에는 마모가 있어요.

앞발이 엄청 커요.

동굴곰은 채식주의자!
동굴곰의 이빨에 마모가 있다는 것은 섬유질이 많은 식물과 뿌리를 주로 먹었다는 증거예요.

동굴곰은 유럽에 있는 동굴 곳곳에서 뼈 화석이 많이 발견되어, '동굴곰'이라는 이름이 생겼어요. 동굴곰은 겨울이 오면 몸속에 미리 영양분을 가득 채우고, 오직 동굴에서만 겨울잠을 잤어요. 동굴곰이 멸종한 것은 기후 변화와 살 곳을 잃었기 때문이에요. 사람들한테 동굴을 빼앗겨 겨울잠을 잘 만한 새 동굴을 찾기가 어려웠어요. 그리고 사람들의 사냥으로 수가 많이 줄었지요. 동굴곰 뼈에서 돌로 만든 창에 맞은 흔적이 발견되었어요.

- **몸길이** 2.5~3미터
- **먹이** 열매, 잎, 풀, 뿌리
- **서식지** 서유럽
- **멸종 시기** 신생대 제4기

동굴곰 구출 작전

 동굴곰 발톱 뼈 화석　 2만 4천 년 전, 스위스　 다이노 스노우

동굴곰은 겨울잠을 자야 하는데 빈 동굴을 찾을 수가 없었어요. 게다가 눈까지 내리기 시작했지요.

프테라맨은 다이노 스노우 썰매에 다이노맨과 동굴곰을 태우고 새로운 동굴을 찾아 나섰어요.

얼음호수를 지나는데 쩍쩍 얼음이 갈라졌어요. 다이노맨은 썰매에서 뛰어내려 다이노 스노우를 호수 끝으로 밀었지요.

그러고는 갈라지는 얼음 사이를 달려 힘껏 하늘 높이 뛰어올랐어요. 모두 무사히 호수를 건넜지요.

드디어 새로운 동굴을 발견했어요. 셋은 동굴 안으로 신나게 달려갔어요.

동굴곰은 나뭇잎과 볏짚으로 푹신하게 잠자리를 만들었어요. 그러고는 바로 쿨쿨 겨울잠을 잤어요.

빙하기가 끝나면서 멸종한
엘라스모테리움

이마에 2미터쯤 되는 거대한 뿔이 있어요. 이 뿔은 뼈가 아니라 머리카락이나 손톱의 성분인 '케라틴'으로 이루어졌어요.

엘라스모테리움의 털
온몸이 두꺼운 털로 뒤덮여 있어요. 매우 추운 겨울에도 몸을 따뜻하게 보호했지요.

거친 풀을 먹으며 살아갈 수 있게 어금니가 단단해요.

코뿔소보다 다리가 길어서 발이 빨라요.

엘라스모테리움은 유럽과 아시아의 추운 땅에 살았던 커다란 코뿔소예요. 길이가 2미터나 되는 뿔이 이마에 우뚝 솟아 있어서 '시베리안 유니콘'이라고도 불리지요. 코뿔소의 뿔과 다르게 엘라스모테리움의 뿔은 뼈가 아니라, 털이 단단해진 거예요. 그래서 머리 화석에는 뿔이 발견되지 않고, 뿔이 난 흔적만 남아 있어요. 엘라스모테리움은 빙하기가 끝나면서 환경에 적응을 못하고, 다른 초식 동물들과의 경쟁에서도 져서 멸종하고 말았지요.

- 몸길이 : 4.5미터
- 먹이 : 풀, 나뭇잎
- 서식지 : 유럽, 아시아
- 멸종 시기 : 신생대 제4기

 ## 엘라스모테리움 구출 작전

 엘라스모테리움 발자국 화석    3만 년 전, 시베리아    다이노 스노우

엘라스모테리움 엘라는 목이 말라 커다란 뿔로 호수의 얼음을 깨뜨렸어요.

그러다 그만 호수에 풍덩 빠졌어요. 엘라는 얼음에 갇혀 버렸지요.

다이노맨은 살살 펀치를 날렸어요. 얼음 속에서 엘라를 빼내 주었어요.

프테라맨은 엘라의 커다란 뿔을 유심히 보았어요. 소원을 들어주는 전설 속의 유니콘 같았거든요.

엘라는 장난삼아 프테라맨의 소원을 들어주기로 했어요. 뾰로롱, 신기하게도 소원을 말할 때마다 소원이 모두 이루어졌어요.

그런데 눈이 계속 쏟아졌어요. 엘라는 눈을 멈추려고 "뾰로롱!" 하고 외쳤지만 소용없었지요.

엘라는 눈을 피할 동굴을 찾아가다가 그만 언덕 아래로 떨어졌어요.

다이노맨은 애타게 엘라를 찾아다녔어요.

그때 눈 속에서 툭 튀어나온 엘라의 뿔이 보였어요. 프테라맨은 눈덩이를 발사해 엘라를 구해 냈지요.

기후 변화로 사라진
마스토돈

마스토돈의 모든 것을 알려 주는 상아! 상아는 죽을 때까지 계속 자라요. 상아 단면에 있는 줄의 개수로 나이를, 줄의 두께로 건강 상태를 알 수 있어요.

머리가 크고, 목이 짧아요.

몸에 털이 많아요. 추위에 견디기 위해 털이 이중으로 빽빽하게 덮여 있어요.

상아의 길이는 5미터쯤이고, 무게는 1톤에 달해요. 거대한 상아는 위로 말리는 대신 앞으로 길게 뻗어 있어요.

마스토돈은 신생대 제3기에 번성했던 코끼리로, 북아메리카와 아프리카 그리고 유럽과 아시아까지 널리 분포했어요. 마스토돈은 빙하 시대에 추위로부터 견디기 위해 매머드처럼 털이 덥수룩했어요. 겉모습이 매머드와 비슷했지만, 엄연하게 다른 종류지요. 특히 이빨이 달랐는데, 마스토돈은 먹이를 으깨기 좋게 이빨 표면이 뿔룩뿔룩했어요. 하지만 매머드의 이빨은 지금의 코끼리처럼 홈이 파여 있어요. 마스토돈이 멸종한 까닭은 정확하지 않지만, 기후 변화 때문일 가능성이 커요.

- **몸길이**   3.5미터
- **먹이**   풀
- **서식지**   북아프리카
- **멸종 시기** 신생대 제4기

마스토돈 구출 작전

마스토돈 엄니 화석

1만 5천 년 전, 미국

다이노 스노우

조개 목걸이를 한 마스토돈은 신나게 춤을 추었어요.

"끄응, 도와줘요!"
그 바람에 빙하가 무너져 내렸고 마스토돈은 빙벽에 깔렸어요.

다이노맨은 다이노 플래시의 입을 벌려 빙벽을 옮긴 뒤, 마스토돈을 구해 주었지요.

소중한 목걸이를 잃어버린 마스토돈은 슬퍼했지요.
프테라맨은 바로 찾아 나섰어요.

프테라맨이 바닥에 떨어진 목걸이를 발견한 찰나, 빙하 바닥이 갈라져서 목걸이가 땅속으로 사라져 버렸어요.

모두 다이노 스노우를 타고 땅속으로 갔어요. 온통 얼음뿐이어서 이리저리 부딪히고 속도를 조절하기도 힘들었어요.

하지만 다이노맨은 얼음 조각에 걸린 목걸이를 발견하자마자 번쩍 뛰어올랐지요.

마스토돈은 소중한 목걸이도 찾고, 얼음 동굴도 봐서 무척 행복했어요.
기분이 좋아서 춤을 추고 싶었지만, 또 빙하가 무너질까 봐 참았지요.

배딱지만 있어서 멸종한
오돈토켈리스

몸길이에 비해 꼬리가 길어요.

물속에 사는 거북과는 다르게 발가락이 짧고, 물갈퀴도 없어요.

입은 날카로운 부리 대신 위턱과 아래턱에 이빨이 있어요.

배에 배딱지가 있어 아래쪽에서 다가오는 적의 공격을 막았어요. 하지만 빨리 헤엄을 칠 수는 없었어요.

오돈토켈리스는 중국 트라이아스기 퇴적층의 화석으로 발견되면서 알려졌어요. 특이하게도 배에 딱지가 있고, 등에는 딱지가 없는 거북이지요. 거북이 등딱지보다 배딱지가 먼저 발달되었다는 사실을 알려 주었어요.
또한 다른 물속에 사는 생물들과 함께 발견되었는데, 이것은 거북이 물속 생활을 했다는 증거지요. 오돈토켈리스는 배딱지가 있어서 배를 보호할 수 있었지만, 뒤에서 공격하는 적은 막을 수가 없었어요. 등딱지가 있는 거북으로 진화하면서 멸종했어요.

- 몸길이   40센티미터
- 먹이   물고기
- 서식지   중국
- 멸종 시기 중생대 트라이아스기

 # 오돈토켈리스 구출 작전

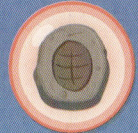 오돈토켈리스 배딱지 화석　 2억 2천만년 전, 중국　 다이노 마린

장난꾸러기 오돈토켈리스는 오늘도 장난을 치려고 슬금슬금 해초 뒤에 숨었지요.

대왕오징어가 다가오자, 갑자기 앞으로 쑥 나타났어요. 깜짝 놀란 대왕오징어는 자기도 모르게 먹물을 뿜었어요.

오돈토켈리스의 눈은 오징어 먹물 때문에 까맣게 되었어요. 하지만 먹물을 지우는 방법을 몰랐지요.

다이노맨은 오징어 먹물을 지우는 방법을 알아내려고 대왕오징어를 찾아 나섰어요.

다이노맨은 동굴로 들어가는 대왕오징어를 발견했어요. 그 뒤를 오돈토켈리스는 서둘러 따라갔어요.

갑자기 오돈토켈리스의 비명이 들렸어요. 오돈토켈리스는 무섭게 노려보는 대왕오징어의 빨판에 붙어 버둥거렸지요.

다이노맨 덕분에 진정이 된 대왕오징어는 오돈토켈리스의 진심 어린 사과에 스르르 화가 풀렸어요.

대왕오징어는 오돈토켈리스를 다리에 태우고는 빙빙 돌려 먹물을 없애 주었어요. 그러고는 다이노맨도 태워 주었지요.

다이노맨·브론토맨과 함께하는 시간 탐험

구출 작전 ⑦아이슬란드
큰바다쇠오리

구출 작전 ⑧프랑스
동굴사자

구출 작전 ⑨키르기스스탄
샤로빕테릭스

구출 작전 ⑥괌섬
괌큰박쥐

구출 작전 ⑤모리셔스섬
도도새

허리케인에 휩쓸려 사라진
쿠바홍금강앵무

단단하고 튼튼한 부리로 딱딱한 나무 열매를 부숴 먹어요.

아름답고 화려한 깃털이 있어요. 사람들은 아름다운 깃털로 모자와 옷을 장식했어요.

몸집이 큰 대형 앵무로, 머리에서 꼬리까지의 길이가 거의 1미터쯤 되지요.

기다란 꼬리가 있어요.

쿠바홍금강앵무는 큰 나무가 있는 숲에서만 살았어요. 굵은 나무에 뚫린 구멍에 알을 낳지요. 번식기 이외에는 무리 지어 살았어요. 아침에 숲속에 모여 함께 노래를 부르다가, 저녁이 되면 자기 집으로 돌아갔어요. 사람들이 화려한 깃털을 얻거나 애완동물로 키우려고 쿠바홍금강앵무를 마구 잡았고, 그것도 모자라 숲을 밭으로 만드는 바람에 쿠바홍금강앵무는 살 곳을 잃었지요. 맹그로브 숲으로 보금자리를 옮겼지만, 그나마도 허리케인이 휩쓸어 가서 멸종했어요.

- 몸길이　50센티미터
- 먹이　　나무 열매
- 서식지　쿠바 사파타 습지
- 멸종 시기　1885년

쿠바홍금강앵무 구출 작전

깃털 화석

160년 전, 쿠바섬

다이노 윙

화려한 깃털을 뽐내며 노래하는 쿠바홍금강앵무는 갑자기 몰아친 허리케인에 휩쓸려 날개를 다쳤어요.

쿠바홍금강앵무는 브론토맨의 도움으로 나무에서 내려왔어요. 하지만 가장 아끼는 황금 깃털을 잃어버리고 말았지요.

허리케인이 다시 오고 있는데도, 쿠바홍금강앵무는 황금 깃털을 찾을 때까지 아무 데도 못 간다며 버텼어요.

다이노맨은 땅에서, 브론토맨은 하늘에서 황금 깃털을 찾으러 다녔어요. 하지만 황금 깃털은 어디에도 없었지요.

그때 허리케인이 빙빙 돌며 다가와서 순식간에 다이노 윙을 삼켜 버렸어요. 브론토맨은 비상 터보 버튼을 누르고, 조종 핸들을 강하게 당겼어요.

다행히 다이노 윙은 하늘로 솟구쳐 올라 허리케인을 벗어났지요. 쿠바홍금강앵무는 황금 깃털보다 더 멋진 찬란한 금빛 해를 보면서 행복해했어요.

해저 화산이 폭발해서 멸종한
어룡

돌고래와 비슷하게 생겼어요.
목이 없어 머리와 몸통을 구분하기 어렵고,
피부가 매끈하고 비늘이 없어요.

꼬리지느러미와 등지느러미가 있어요.
몸이 유선형이고 지느러미가 발달해서
헤엄을 잘 쳐요.

황새치처럼
입이 길고 뾰족해요.

몸에 비해 눈이 엄청 크고
시력이 좋아요.

오징어의 조상, 벨렘나이트!
이야기에 나오는 어룡과 달리
실제 어룡은 오징어를 즐겨 먹었어요.

어룡은 돌고래와 비슷하게 생겼지만, 중생대의 바다를 지배했던 파충류예요. 파충류의 일부가 바다로 서식지를 옮기면서 어룡으로 진화했어요. 바깥 온도에 영향을 받는 일반 파충류와 달리, 어룡은 몸속에 따뜻한 피가 흐르고 새끼를 낳았지요. 어룡은 처음에는 몸길이가 1미터도 안 되었지만, 오징어와 문어 같은 두족류가 왕성하게 번식하면서 먹이가 풍부해져 몸이 거대해졌어요.
하지만 해저 화산이 폭발하면서 바닷물에 산소가 부족해지고, 오징어가 사라지면서 어룡도 굶게 되었어요. 그러다 결국 멸종했어요.

- **몸길이** 12~21미터
- **먹이** 벨렘나이트
- **서식지** 남태평양
- **멸종 시기** 중생대 백악기

어룡 구출 작전

오징어 화석

8천5백만 년 전, 남태평양

다이노 마린

어룡과 오징어들이 수영 시합을 하다가 곧 터질 것 같은 해저 화산을 보았어요. 어룡은 해저 화산 주위에 오징어들이 더 있다는 사실에 깜짝 놀랐지요.

어룡의 구조 요청을 듣고, 다이노맨과 브론토맨이 출동했어요.

다이노 마린을 타고 바닷속으로 들어간 다이노맨은 오징어와 친구인 어룡을 만났지요.

해저 화산은 폭발 직전! 장난만 치는 오징어들을 빛을 이용해서 겨우 구조 튜브에 태웠어요.

하지만 오징어 한 마리는 태우지 못했어요. 다이노맨은 다른 방법을 찾아야 했지요.

그때 다이노맨은 커다란 따개비를 발견하고는 집게로 들어 올렸어요.

따개비로 분화구를 덮어 화산이 폭발하는 것을 막았지요.

오징어들은 다이노맨과 브론토맨한테 고마워하며 멋진 하트를 만들었지요.

재빠르지 못해서 멸종한
스밀로돈

목 주변에 근육이 다부지게 발달했어요.

균형을 잡아 주는 꼬리가 짧아서 빨리 달리기가 힘들어요.

송곳니가 엄청 길고 날카로워요.
길이가 20센티미터쯤 되지요.
단단하지 않아서 종종 부러져요.
한 번 부러진 송곳니는 다시 안 나요.

턱이 튼튼해요.
최대 120도까지 입을 쫙 벌릴 수 있어요.

앞다리가 두껍고 강해요.
튼튼한 앞다리로 누르면 먹잇감은 옴짝달싹 못 해요.

스밀로돈, 타르 늪을 조심해!
스밀로돈은 타르 늪에 빠진 매머드한테 무심결에 달려들었다가 빠져나오지 못할 때가 많았어요. 그래서 타르 늪에서 스밀로돈 화석이 많이 발견되었지요.

스밀로돈은 고양잇과 동물이지만, 안타깝게도 느리고 유연하지 못했어요. 다리와 꼬리가 짧아서 균형을 잡기 어려웠고, 나무 타기나 점프에도 서툴렀지요. 그래서 나무나 바위 뒤에 숨었다가 어린 매머드나 메가테리움처럼 덩치가 크고 빠르지 않은 동물들을 잡아먹었지요. 결국 매머드와 같은 대형 포유류가 멸종하고 난 뒤에 스밀로돈도 멸종하고 말았어요. 재빠른 먹잇감은 사냥하기가 힘들었지요.

- 몸길이　　2미터
- 먹이　　　대형 포유류
- 서식지　　아메리카
- 멸종 시기　신생대제4기

 # 스밀로돈 구출 작전

 스밀로돈 어금니 화석  1만 년 전, 미국  다이노 윙

외나무다리에서 만난 스밀로돈들은 서로 먼저 가겠다고 다투었어요.

결국 스밀로돈들은 늪에 빠져 허우적거렸어요.

브론토맨은 다이노 윙의 구조 튜브로 스밀로돈들을 늪에서 구했어요.

스밀로돈들은 자신들의 잘못을 부끄러워하며 서로 사과했어요.

외나무다리를 살펴본 다이노맨은 새 다리를 만들자고 제안했어요.

그러자 브론토맨은 튼튼하고 넓은 다리를 만들기 위해 설계도를 그렸어요.

다이노맨과 브론토맨 그리고 스밀로돈은 서로 도와 가면서 설계도대로 다리를 만들었어요.

드디어 넓고 튼튼한 새 다리가 완성되었어요. 모두 기뻐서 펄쩍펄쩍 뛰며 환호성을 질렀지요.

날씨가 너무 더워져서 멸종한
디메트로돈

등에는 돛 모양의 커다란 지느러미가 있어요.
지느러미 안에는 길고 가는 뼈가 있어서 접었다 펼 수 없어요.
지느러미는 체온을 조절할 뿐만 아니라 다른 동물을 위협하거나 짝짓기 때도 쓰여요.

앞쪽에는 날카롭고 큰 이빨이 있고, 가장자리에는 작은 이빨이 있어요.
두 종류의 이빨로 살점을 잘 뜯어 먹어요.

다리가 몸의 양옆으로 있어서 지금의 도마뱀처럼 걸어요.
먹잇감이 나타나면 빨리 움직여요.

턱을 닫는 근육이 발달해서 위아래뿐만 아니라 양옆으로도 움직일 수 있어요.

디메트로돈은 생김새는 공룡과 비슷하지만, 몸 구조가 포유류와 더 가까워요. 양서류와 포유류의 중간인 '단궁류'지요. 디메트로돈의 이름은 '2개의 이빨'이라는 뜻이에요. 튼튼하고 날카로운 두 종류의 크고 작은 이빨로 동물을 잡아먹었어요. 페름기 전기에는 기온이 낮았는데 디메트로돈은 등에 있는 커다란 돛 모양의 지느러미로 햇빛을 받아 체온을 높였어요. 하지만 점점 기후가 따뜻해지면서 체온을 조절하기가 힘들었지요.

- 몸길이: 3미터
- 먹이: 대형 동물
- 서식지: 북아메리카
- 멸종 시기: 고생대 페름기

# 디메트로돈 구출 작전

 디메트로돈 지느러미 화석  2억 9천5백만 년 전, 미국  다이노 윙

너무 더워서 등지느러미가 빨갛게 달아오른 디메트로돈들은 물에 빨리 들어가고 싶었어요. 그런데 커다란 바위 틈에 꼬리가 끼고 말았어요.

다이노맨이 있는 힘껏 바위 틈을 벌리고, 그 사이 브론토맨이 디메트로돈의 손을 잡아서 끌어당겼어요. 그러자 디메트로돈의 꼬리가 쏙 빠졌지요.

다이노맨은 커다란 바위를 번쩍 들어 강으로 던졌어요. 그 바람에 디메트로돈들은 물을 뒤집어썼지요.

덕분에 열이 식어서 디메트로돈들의 등지느러미는 원래대로 돌아왔어요.

브론토맨은 날씨가 너무 더워져서 체온 조절이 안 되는 디메트로돈들을 위해 부채를 만들기로 했어요.

디메트로돈들의 등지느러미가 또다시 빨갛게 달아올랐어요. 디메트로돈들은 점점 지쳐 갔지요.

다이노맨은 서둘러 다이노 윙의 구조 바구니에 야자나무 잎을 수북이 담았어요.

야자나무 잎 부채는 정말 시원했어요. 디메트로돈들의 등지느러미는 다시 원래 색깔로 돌아왔지요.

사람을 안 무서워해서 멸종한
도도새

부리는 검은빛을 띠었고,
부리 끝은 구부러져 있어요.

작은 날개가 있어요.
하늘을 날아다닐 필요가 없어서
비행 능력을 잃었어요.

짧고 억센
다리가 있어요.

곱슬거리는 깃털은
푸른빛이 감도는
회색을 띠어요.

도도새는 모리셔스섬에 살았어요. 그곳은 따뜻하고 먹잇감도 많고, 게다가 도도새의 천적이 하나도 없었어요. 알을 지킬 필요도 없고, 빨리 움직일 필요도 없었지요.
'도도'라는 이름은 '바보, 멍청이'를 뜻해요. 자기를 사냥하는 사람들조차도 피하지 않고 오히려 반갑게 다가가서 붙여진 이름이지요.
도도새는 알을 한 번에 한 개씩 낳았는데, 사람들이 개와 쥐를 섬으로 데리고 들어오는 바람에 알까지 빼앗겼어요. 사람한테 발견된 뒤 100년도 안 되어서 멸종했어요.

- 몸길이   1미터
- 먹이   풀, 과일
- 서식지   모리셔스섬
- 멸종 시기 1681년

# 도도새 구출 작전

 도도새의 깃털 화석

 1680년, 모리셔스섬

 다이노 윙

도도새 알이 데굴데굴 굴러갔어요. 엄마 도도새는 화들짝 놀랐어요.

다이노맨은 알이 바위에 부딪치기 전에 알을 구했어요.

엄마 도도새의 부탁대로 나무 위에 둥지를 올려놓고는 잘 보살펴 주었지요.

드디어 아기 도도새가 알에서 나왔어요. 그런데 엄마 도도새의 깃털을 달고 있는 다이노맨을 엄마라고 생각했어요.

다이노맨은 아기 도도새가 잠든 틈을 타서 다이노 월드로 돌아갔지요. 그런데 이상하게 아기 도도새 소리가 들렸어요.

아기 도도새는 귀여움을 독차지했어요. 하지만 시간탐험대의 생활은 엉망이 되었지요. 다이노맨은 아기 도도새와 함께 1680년으로 되돌아갔어요.

다이노맨이 엄마 도도새한테 깃털을 돌려주자 아기 도도새는 진짜 엄마를 알아보게 되었지요.

너무 잡아먹혀서 멸종한
괌큰박쥐

얼굴은 눈이 아주 큰 여우처럼 생겼어요.

날개 폭이 1.6미터나 되고 몸무게는 1킬로그램으로 몸집이 커요.

머리 윗부분은 회색이고, 목 양옆은 금빛을 띤 갈색이에요. 등과 나머지 부분은 갈색이지요.

괌큰박쥐의 별명은 과일박쥐! 과일과 꽃의 꿀을 좋아하고 즐겨 먹어서 과일박쥐라고도 해요. 낮에는 나무에 매달려 잠자고, 밤에는 먹을거리를 찾아다녔지요.

괌큰박쥐는 몸집은 크지만, 과일만 먹는 아주 온순한 박쥐예요. 마리아나 제도의 최남단에 있는 작은 섬인 괌에서만 살았어요. 괌큰박쥐의 이름은 '날아다니는 여우'라는 뜻이에요. 얼굴 생김새가 여우를 많이 닮아서 붙여진 이름이지요. 원주민 차모로족이 오랫동안 잡아먹긴 했지만, 괌이 관광지로 유명해지면서 괌큰박쥐로 만든 요리는 괌의 특별한 음식이 되었어요. 관광객한테 팔 음식을 마련하려고 마구 사냥하는 바람에 괌큰박쥐는 멸종하고 말았어요.

- 몸길이   40센티미터
- 먹이   과일, 꽃의 꿀
- 서식지   괌섬
- 멸종 시기 1968년

 ## 괌큰박쥐 구출 작전

괌큰박쥐 날개 화석

50년 전, 마리아나 제도 괌

다이노 윙

깜깜한 밤, 괌큰박쥐는 바나나를 먹으러 날아다녔어요.
그런데 웬일인지 바나나가 하나도 없었지요.

바나나만 먹는 입맛 까다로운 괌큰박쥐를 위해 다이노맨과
브론토맨은 다이노 윙을 타고 바나나를 찾아다녔어요.

괌큰박쥐는 곧 바나나를 먹을 생각에 신이 났어요. 그때 눈앞에
큰 곰이 나타났어요. 너무 놀란 괌큰박쥐는 바로 기절했지요.

다이노맨은 손을 뻗어, 기절한 채로 바다로 떨어지고
있는 괌큰박쥐를 무사히 구조했어요.

곰이 아니라 곰바위라는 것을 알게 된 괌큰박쥐는
머리를 긁적이며 웃었어요.

드디어 바나나가 주렁주렁 열린 바나나 나무를 찾았어요.
밝게 빛나는 보름달 아래에서 다 함께 바나나를 맛있게 먹었지요.

섬이 바다에 잠겨 멸종한
큰바다쇠오리

부리와 눈 사이에 하얀 반점이 있고, 부리에는 홈이 있어요.

길이가 20센티미터쯤 되는 날개가 있어요. 몸에 비해 날개가 작아 날지 못해요. 땅 위에서 뒤뚱뒤뚱 걸어 다니지만 물속에서는 빠르게 헤엄칠 수 있어요.

머리에서 등까지는 윤기가 흐르는 검은 털로, 배에는 하얀 털로 덮여 있어요.

큰바다쇠오리의 알! 누런빛을 띤 알에는 검은 점이나 줄무늬가 있어요. 길이가 13센티미터, 무게가 400그램으로 알이 커요. 암컷과 수컷이 교대로 품어서, 6주 후쯤에 부화해요.

다리는 검고 짧아요.

큰바다쇠오리는 날지 못하는 커다란 바닷새예요. 땅 위에서는 펭귄처럼 몸을 세워 느릿느릿 둔하게 걸어 다니지만, 물속에서는 짧은 다리와 작은 날개로 빠르게 헤엄쳐서 물고기를 잡아먹고 살았지요. 사람들은 큰바다쇠오리로부터 고기와 기름, 깃털을 얻으려고 마구 사냥을 했어요. 게다가 화산이 폭발하고 지진이 나면서 살고 있던 섬도 사라져 50여 마리만 남았지요. 희귀해진 큰바다쇠오리를 잡으러 사냥꾼이 몰려들어서 1844년에 멸종했어요.

- 몸길이   80센티미터
- 먹이   물고기
- 서식지   북대서양
- 멸종 시기   1844년

큰바다쇠오리 구출 작전

큰바다쇠오리 부리 화석

200년 전, 아이슬란드

다이노 마린

큰바다쇠오리들은 신나게 놀다가 물고기를 잡으러 바닷속으로 갔어요.

그런데 부글부글 끓고 있던 해저 화산이 터져, 큰바다쇠오리들은 바다 밖으로 튕겨 나갔지요.

가까스로 육지로 올라오자마자 커다란 파도가 덮쳤어요.

큰바다쇠오리들은 다이노맨의 도움으로 무사했지만, 섬이 흔들려서 빨리 탈출해야 했어요.

하지만 다른 큰바다쇠오리들을 구하기 위해 다이노맨은 바닷속으로 들어갔어요. 물속에서는 누구보다 빠른 큰바다쇠오리들이 앞장섰지요.

금방이라도 터질 것 같은 해저 화산 근처에 겁에 질린 큰바다쇠오리들이 있었어요.

다이노맨은 구조 보트에 큰바다쇠오리들을 태우고 사방팔방에서 날아오는 불덩이를 피하며 빠르게 해저 화산에서 벗어났어요. 하지만 살고 있던 섬이 바다 밑으로 가라앉고 말았지요.

슬퍼하는 큰바다쇠오리들을 위해 브론토맨은 안전한 섬을 찾아 주었어요. 큰바다쇠오리들은 기뻐서 환호성을 질렀어요.

먹잇감이 부족해서 멸종한
동굴사자

목덜미에 털이 있지만 지금의 숫사자처럼 풍성하고 멋진 갈기는 없어요.

강한 턱과 날카로운 이빨이 있어요.

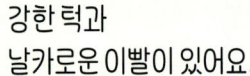

몸무게가 160~350킬로그램, 어깨 높이가 1.3미터로 몸집이 커요.

털이 길고 두꺼워요. 털 덕분에 강한 바람과 추운 겨울을 견디며 살 수 있어요.

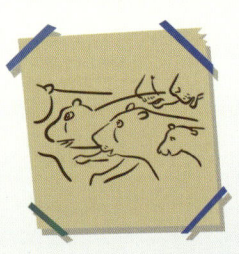 동굴 벽화에 많이 등장한 동굴사자! 구석기 사람들은 동굴사자를 두려워했지만, 숭배의 대상으로 여겨 동굴사자를 많이 그렸어요.

동굴사자는 빙하기에 살던 거대한 고양잇과 동물이에요. 매머드 새끼나 사슴, 들소 들을 잡아먹으며 살았어요. 동굴사자는 사냥감의 눈에 띄지 않게 여름에는 노란색으로, 겨울에는 하얀색으로 털갈이를 했어요.
동굴사자는 동굴에서 화석이 많이 발견되었고, 동굴 벽화를 통해 알려졌어요. 벽화에는 뾰족한 귀와 촘촘한 털이 난 꼬리, 호랑이처럼 줄무늬가 희미하게 있는 모습으로 그려져 있어요. 기후 변화로 동굴사자의 먹이인 커다란 초식 동물들이 사라지면서 동굴사자도 멸종했어요.

- 몸길이   3.2~3.5미터
- 먹이   사슴, 들소, 말
- 서식지   유럽, 아시아
- 멸종 시기   신생대 제4기

 # 동굴사자 구출 작전

 동굴사자 발자국 화석    1만 2천 년 전, 프랑스    다이노 윙

동굴사자는 물감으로 쓸 열매를 찾고 있었어요. 절벽 아래에서 노란 열매를 발견했지요.

동굴사자가 노란 열매를 따려는 순간, 주르륵 미끄러져 간신히 얼음 절벽에 내려섰어요.

다이노맨은 몸에 구조줄을 단단히 묶고 얼음 절벽으로 내려갔어요. 그러고는 동굴사자를 안고 힘껏 뛰어올랐어요.

그리고 동굴사자와 함께 다이노 윙의 구조 바구니를 타고 물감으로 쓸 나무 열매도 따 왔어요. 하지만 보라색 열매를 떨어뜨린 동굴사자는 속이 상했지요.

브론토맨은 동굴사자의 집인 동굴에서 빨간 열매와 파랑 열매를 섞어서 보라 물감을 만들어 주었어요. 동굴사자는 신기해서 눈이 휘둥그레졌지요.

동굴사자와 다이노맨, 브론토맨은 붓에 각자 좋아하는 색을 묻혔어요. 세상에서 가장 큰 스케치북인 동굴 벽에 그림을 그리기 시작했지요.

모두 동굴 벽에 자화상을 완성했어요. 동굴사자는 삐뚤빼뚤 못생기게 그린 다이노맨의 자화상을 보며 웃었어요. 하지만 절대 지우지 않고 간직하기로 약속했답니다.

트라이아스기 대멸종 때 사라진
샤로빕테릭스

꼬리는 가늘고 길어요.
몸 뒤쪽에 커다란 비막이 있어서
공중에서 균형을 잡을 때 꼬리가
중요한 역할을 해요.

짧은 앞다리에는 작은 비막이 있어요.
비행 방향을 조절하는 역할을 해요.

뒷다리는 앞다리와는 달리 매우 길쭉해요.
뒷다리에는 커다란 비막이 붙어 있어요.
새처럼 날개를 움직이는 게 아니라
비막을 펼쳐 나무와 나무 사이를 활공하며 다녔어요.

샤로빕테릭스는 트라이아스기에 살았던 활공 파충류예요. 샤로빕테릭스의 이름은 '날개발'이라는 뜻이에요. 하늘을 나는 동물의 조상은 앞다리에 비막이 발달해서 날개로 진화했는데, 특이하게 샤로빕테릭스는 뒷다리에 거대한 비막이 있지요. 활공을 하는 샤로빕테릭스가 익룡의 조상일 거라고 생각하기도 했지만, 비막이 있다는 것 빼고는 익룡과 비슷한 점은 없어요. 트라이아스기 초에는 수많은 파충류가 번성을 했지만, 트라이아스기 말의 대멸종 때 샤로빕테릭스뿐만 아니라 대부분의 파충류들이 멸종했어요.

- 몸길이 20센티미터
- 먹이 물고기
- 서식지 키르기스스탄
- 멸종시기 중생대 트라이아스기

# 샤로빕테릭스 구출 작전

 샤로빕테릭스 발자국 화석
 2억 3천만 년 전, 키르기스스탄
 다이노 윙

샤로빕테릭스는 친구의 생일 파티에 쓸 장식품을 들고 펄쩍 뛰어 날아올랐어요.

갑자기 세찬 바람이 불어왔어요. 손에 든 나뭇잎들과 나뭇잎 왕관이 멀리 날아가 버렸지요.

다이노맨은 샤로빕테릭스와 함께 나뭇잎들과 왕관을 찾으러 다녔어요.

하지만 별 모양 나뭇잎과 하트 모양 나뭇잎은 새 둥지에 있는 알들한테,

나뭇잎 왕관은 노래자랑에 나가는 개구리한테 양보했지요.

다이노맨과 브론토맨은 생일 파티를 준비 못해 시무룩해진 샤로빕테릭스를 대신해서 멋진 생일 파티를 준비했어요.

그리고 맛있는 케이크도 건넸지요. 샤로빕테릭스도 생일을 맞은 친구도 모두 기뻐했어요.

다이노맨·케라걸과 함께하는 시간 탐험

구출 작전 ⑥포르투갈
스테고사우르스

구출 작전 ⑦이집트
스토마토수쿠스

구출 작전 ①남아프리카
디익토돈

구출 작전 ④남아프리카
파란영양

구출 작전 ⑤호주
프로콥토돈

페름기 대멸종 때 사라진
디익토돈

몸에 비해 머리가 커요.
몸길이가 45센티미터쯤 되는데
머리가 20센티미터가량을 차지해요.

꼬리는 짧아요.

입 밖으로 나온 기다란 엄니 한 쌍과
딱딱한 부리가 있어요.

몸통은 길고 다리는 짧아서
뒤뚱뒤뚱 걸어요.

앞발에 날카로운 발톱이 있어서 땅을 잘 파요.

디익토돈은 땅파기 선수!
기다란 엄니와 단단한 발톱으로
1.5미터까지 땅을 팔 수 있어요.

디익토돈은 구멍 파기를 좋아하는 조용하고 순한 동물이에요. 땅속에 나선 모양으로 구멍을 판 뒤, 수컷과 암컷이 함께 보금자리를 마련하고 새끼를 안전하게 키웠어요. 지구 역사상 가족이 함께 살았던 최초의 동물이지요. 짧은 꼬리와 날카로운 발톱이 있는 튼튼한 앞발은 땅굴을 파기에 알맞고, 한 쌍의 기다란 엄니는 식물의 뿌리를 뜯어 먹는 데 도움이 되었어요. 디익토돈의 땅속 둥지가 범람원 근처라서 물에 빠져 죽은 듯한 화석이 많이 발견되었어요.

- 몸길이   45센티미터
- 먹이   뿌리채소
- 서식지   남아프리카
- 멸종 시기   고생대 페름기

 # 디익토돈 구출 작전

 디익토돈 엄니 화석　 2억 5천7백만 년 전, 남아프리카　 다이노 드릴

디익토돈은 땅속에 집을 만들려고 열심히 땅을 팠어요. 그런데 지하수를 잘못 건드려 물기둥이 솟구쳤지요.

다이노맨은 큰 바위를 번쩍 들어 물이 솟는 구멍을 막았어요. 그러고는 공중으로 뛰어올라 디익토돈을 구해 냈지요.

구조된 디익토돈은 자기의 실수로 위험해진 친구가 생각나서 발을 동동 굴렀어요. 케라걸은 다이노 드릴을 타고 서둘러 땅속으로 달려갔지요.

친구는 벽에 난 물구멍을 손으로 막고 있었어요. 디익토돈들은 케라걸의 당근으로 재빨리 물구멍을 막고는 구조용 탈것에 올라탔어요.

곧 물구멍을 막은 당근이 튕겨 나오고, 물이 솟구쳤지요. 물줄기와 함께 다이노 드릴도 튀어나왔어요.

멋지게 디익토돈들을 구조한 다이노맨과 케라걸은 활짝 웃었지요.

나무 그루터기에 숨어서 멸종한
힐로노무스

다리가 네 개 있고, 발가락은 가늘어요.

굵고 단단한 몸은 길고 가늘어요.

작고 날카로운 이빨이 있어요.
작은 곤충도 절대 놓치지 않았어요.
이빨의 개수는 35~40개쯤 되지요.

도마뱀처럼 꼬리가 가늘고 길어요.

힐로노무스는 최초의 원시 파충류예요. 양서류에서 갓 진화된 파충류여서 양서류의 특징을 지니고 있어요. 주변 온도에 따라 몸의 온도가 바뀌는 변온 동물로, 달걀처럼 양막으로 둘러싸인 알을 낳았어요.
힐로노무스의 이름은 '숲에 사는 쥐'라는 뜻이에요. 속이 빈 나무 그루터기에서 화석이 발견되었기 때문이지요. 나무 그루터기 속에 사는 지네나 곤충을 잡아먹으려고 들어갔다가 빠져나오지 못하고 그대로 화석이 되었을 가능성이 커요.

- 몸길이   20센티미터
- 먹이   곤충, 작은 무척추동물
- 서식지   캐나다
- 멸종 시기 고생대 석탄기

힐로노무스 구출 작전

힐로노무스 발자국 화석

3억 만년 전, 캐나다

다이노 드릴

힐로노무스 자매는 숨바꼭질을 했어요. 언니는 나무 그루터기 아래 틈에 꼭꼭 숨었지요. 술래인 동생은 언니를 찾다가 굴러온 통나무에 올라타게 되었어요.

다이노맨은 통나무를 멈춰 세우고, 하늘 위로 튕겨 오른 동생 힐로노무스를 구했어요.

그리고 꼭꼭 숨어 버린 언니를 찾아 함께 숲을 헤매고 다녔지요.

케라걸은 나무 그루터기 틈을 보고는 당장 다이노 드릴을 불렀지요.

곧바로 드릴을 회전시켜 땅을 판 뒤, 언니 힐로노무스가 있는 곳으로 갔어요.

언니를 찾은 동생이 기뻐서 땅속으로 뛰어내리는 바람에 흙더미가 쏟아졌어요. 다이노맨은 다이노 플래시의 입을 벌려 힐로노무스 자매를 구했지요.

힐로노무스 자매는 고맙다고 인사했어요. 오늘도 시간탐험대 구조 성공!

숲이 사라지면서 멸종한
에피가울루스

머리에 뿔이 두 개 달려 있어요.
싸울 때나 땅을 팔 때 뿔을 이용했어요.

뼈와 근육이 튼튼해요.

앞 이빨이 커다래요.

앞다리는 짧아요.

뒷발은 넓적한 삽처럼 생겼어요.
뒷발도 땅을 파는 데 썼어요.

앞발은 커다랗고, 발톱은 길고 곧아요.
땅에 구멍을 파는 데 알맞아요.

에피가울루스는 설치류 가운데 유일하게 뿔이 있는 동물이에요. 그래서 에피가울루스의 이름은 '뿔 달린 땅다람쥐'를 뜻해요. 머리에 달린 두 개의 뿔은 몸을 지키기 위해 싸우거나, 땅에 구멍을 파는 데 쓰였다고 해요.
에피가울루스는 숲속의 흙을 좋아했어요. 그런데 신생대에 기후가 변하면서 지구는 춥고 건조해졌어요. 그래서 숲은 줄어들고 평지는 늘어났어요. 숲이 사라지자 에피가울루스는 멸종했어요.

- 몸길이: 30센티미터
- 먹이: 식물뿌리, 나무 열매
- 서식지: 미국
- 멸종 시기: 신생대 신제3기

에피가울루스 구출 작전

에피가울루스 발톱 화석   6백만 년 전, 미국

다이노 드릴

먹이를 한아름 구한 에피가울루스는 신나서 노래가 절로 나왔어요. 그런데 갑자기 집 바닥이 무너져 내렸어요.

에피가울루스는 싱크홀 가장자리를 겨우 붙잡았다가, 절벽에 간신히 내려섰어요.

구조줄을 허리에 묶은 다이노맨은 싱크홀로 내려가 절벽에서 떨어지는 에피가울루스를 구했어요.

그리고 케라걸은 다이노 드릴을 타고 싱크홀로 내려가서 에피가울루스의 열매들을 되찾아 주었지요.

그런데 이상하게도 에피가울루스는 열매 더미 주위를 뱅뱅 돌며 열매를 숨기기 바빴지요.

그때 배가 고파서 몹시 지친 에피가울루스가 다가왔어요. 에피가울루스는 망설이다가 친구한테 다가가 열매 더미를 가리키며 함께 먹자고 했어요.

에피가울루스는 친구랑 함께 나무 열매를 나눠 먹을 수 있어서 행복했어요.

파란 털이 너무 예뻐서 멸종한
파란영양

뒤쪽으로 둥그렇게 구부러진 뿔이 있어요. 20~30개쯤 되는 고리 무늬가 있고, 길이는 60센티미터쯤 되지요.

짧은 갈기가 있어요.

목이 튼튼해요.

푸른색을 띤 아름다운 회색 털이 있어요. 얼굴은 갈색이고, 눈 주위는 흰색이에요.

다리가 길어요.

파란영양은 사슴처럼 보이지만 솟과 동물이에요. 건조하고 탁 트인 초원에서 5~6마리쯤의 작은 무리를 지어 평화롭게 살았어요. 파란영양이라는 이름처럼 푸른빛이 감도는 회색 털이 있어요. 사람들은 파란영양의 아름다운 털과 뿔을 얻으려고 마구잡이로 사냥을 했어요. 또한 서식지인 남아프리카는 금과 다이아몬드가 많이 나오는 곳이어서 사람들이 마구 개척하는 바람에 파란영양은 살 곳을 잃었지요.

- 몸길이 : 2미터
- 먹이 : 나뭇잎, 볏과 식물
- 서식지 : 남아프리카
- 멸종 시기 : 1800년

 파란영양 구출 작전

파란털 화석

250년 전, 남아프리카

다이노 드릴

파란영양은 땅속 구멍에 들어간 파란 돌을 꺼내려다가 그만 손이 끼고 말았어요.

케라걸과 다이노맨은 있는 힘껏 파란영양을 잡아당겼어요. 파란영양의 손이 구멍에서 쑥 빠졌지요.

그리고 파란영양의 부탁으로 다이노 드릴을 몰고 땅속으로 갔지요. 아주 깊은 곳에서 반짝이는 파란 돌을 찾았어요.

하지만 다이노맨이 돌부리에 걸려 넘어지는 바람에 파란 돌은 바위에 부딪혀 산산조각이 났어요.

파란영양은 실망을 했지만, 욕심부린 것이 부끄러웠지요.

밖으로 되돌아가려고 케라걸이 다이노 드릴로 땅을 팠어요. 갑자기 엄청난 빛이 쏟아졌어요.

그곳에는 파란 돌이 잔뜩 있었지요. 하지만 파란영양은 파란 돌을 그대로 두었어요.

혼자 갖겠다고 욕심부리는 것보다 그 자리에 두고 함께 보는 게 더 멋진 일이란 걸 알게 되었거든요.

소금을 너무 먹어서 멸종한
프로콥토돈

짜디짠 풀, 솔트부시!
건조한 환경에서 잘 자라요.
땅속의 수분뿐만 아니라 염분까지도 빨아들여요.

- 얼굴 길이가 짧아요.
- 몸이 근육질로 탄탄해요.
- 팔이 길어요.
  긴 팔을 뻗어 나뭇잎을 따서 먹거나,
  다른 동물과 싸울 때 써요.
- 뒷다리에는
  발가락이 하나뿐인 발이 있어요.

프로콥토돈은 캥거루 가운데 가장 몸집이 커요. 체중이 200킬로그램쯤으로 지금의 캥거루보다 2배 정도 무겁고 몸이 훨씬 단단해요.
프로콥토돈은 얼굴 길이가 짧고 사람처럼 눈이 앞을 향하고 있어서, '얼굴 없는 캥거루' 라고 불리지요. 사막에 먹을 것이 없어서 프로콥토돈은 짜디짠 풀인 솔트부시를 즐겨 먹었는데, 목이 말라서 물을 자주 마셔야 했지요. 물이 있는 곳은 사람이 많은 곳이라서 사람들의 공격을 많이 받았어요.

- **몸길이** 2미터
- **먹이** 솔트부시
- **서식지** 호주
- **멸종 시기** 신생대제4기

 # 프로콥토돈 구출 작전

 프로콥토돈 발자국 화석　 250만 년 전, 호주　 다이노 드릴

프로콥토돈은 가장 좋아하는 짠맛 나는 나뭇잎, 솔트부시를 왕창 먹어 치웠어요.

짜디짠 나뭇잎을 너무 많이 먹은 탓에 프로콥토돈은 목이 말랐어요. 그런데 물웅덩이가 모조리 말라 버렸지요.

다이노맨과 케라걸이 도착했을 때, 프로콥토돈은 마른 웅덩이 옆에 힘없이 쓰러져 있었지요.

다이노맨과 케라걸은 목이 마른 프로콥토돈을 위해 함께 물을 찾아 나섰어요.

우물을 발견한 프로콥토돈은 물이 있는지 확인하려다가 그만 우물 속에 빠지고 말았어요.

프로콥토돈을 잡으려다가 다이노맨도 우물에 빠졌어요. 하지만 다이노맨은 프로콥토돈을 업고 슝 날아올랐지요.

우물에 물이 없는 걸 알게 된 케라걸은 다이노 드릴로 지하수를 막고 있는 바위를 깨뜨렸어요. 바위가 쩍 갈라지자, 땅속에 물이 흐르기 시작했어요.

그 순간 우물에도 물이 솟구쳤지요. 프로콥토돈은 입을 쩍 벌려 물을 마시며 행복해했어요. 다이노맨과 케라걸도 쏟아지는 물을 맞으며 즐거워했어요.

종자식물 때문에 사라진
스테고사우르스

등에는 목부터 꼬리까지 오각형의 골판이 두 줄로 가지런하게 나 있어요. 골판은 열을 흡수하기도 하고 내뿜기도 하면서, 몸의 체온을 일정하게 조절해요.

커다란 몸에 비해 머리가 매우 작아요. 뇌가 겨우 호두알만 한 크기예요.

꼬리 끝에는 두 쌍의 날카로운 가시가 있어요.

커다란 몸을 지탱할 수 있게 발바닥은 판판하고, 다리는 굵어요.

뒷다리가 앞다리보다 길어서 무거운 꼬리를 들어도 안정감 있게 걸어 다닐 수 있어요.

스테고사우르스는 뇌가 엄청 작아서 가장 머리가 나쁜 공룡으로 알려져 있어요. 하지만 육식 공룡조차도 함부로 덤비지 못했어요. 몸집이 엄청 큰 데다가 등에 있는 골판과 꼬리의 가시 덕분이지요. 골판을 쫙 펼치고는 가시가 달린 꼬리를 휘저어 힘차게 내리쳐서 겁을 주었기 때문이에요.
스테고사우르스는 풀만 먹는 초식 동물이에요. 그런데 씹는 힘이 약해서 부드러운 식물만 먹었지요. 쥐라기 후기에는 꽃이 피는 종자식물이 빠르게 번식했는데, 스테고사우르스에게는 너무 질겨서 먹을 수가 없었어요.

- 몸길이: 5~9미터
- 먹이: 양치식물과 겉씨식물
- 서식지: 북아메리카, 유라시아
- 멸종 시기: 중생대 쥐라기

 ## 스테고사우르스 구출 작전

 스테고사우르스의 등 골판 화석  1억 5천만 년 전, 포르투갈  다이노 드릴

화창한 봄날, 꽃다발을 든 스테고사우르스는 빙그르르 돌며 춤을 추었어요. 그러다 배가 고파졌지요.

스테고사우르스는 손에 쥐고 있던 꽃다발을 통째로 질겅질겅 씹다가 너무 질겨서 얼굴을 찌푸렸어요.

그래서 나무에 열린 빨간 열매도 먹어 보았어요. 딱딱한 열매를 씹다가 그만 이빨이 뚝 부러졌어요.

배가 고픈 데다가 이빨도 부러진 스테고사우르스를 위해 다이노맨과 케라걸은 부드러운 이끼를 찾아다녔어요. 하지만 이끼는 바위 아래도, 큰 나무 뒤에도 없었어요.

케라걸이 이끼는 해가 없고 습한 곳에서 잘 자란다고 알려 주자, 다이노맨은 정글 폭포 뒤 바위 동굴에 이끼가 많다는 사실을 알아냈어요.

케라걸은 다이노 드릴로 세찬 폭포 물줄기를 뚫고 바위 동굴로 들어갔어요. 그곳에는 초록색 이끼가 엄청 많았지요. 케라걸은 스테고사우르스를 위해 이끼를 잔뜩 캤어요.

큰 쟁반 가득 담긴 이끼 샐러드를 한 입 떠 먹은 스테고사우르스는 정말 행복해했어요. 하지만 다이노맨은 이끼를 억지로 꿀꺽 삼키고는 뒷걸음질을 쳤지요.

이빨이 날카롭지 않아 멸종한
스토마토수쿠스

이빨은 거의 퇴화되었어요.
위턱에는 작은 원뿔형 이빨만 남았고,
아래턱에는 이빨이 하나도 없어요.

머리뼈가 길고 평편해요.

펠리컨처럼 생긴 턱주머니가 있어요.
작은 물고기를 물과 함께 꿀꺽 삼켜요.

스토마토수쿠스의 주식은 플랑크톤!
스토마토수쿠스는 날카로운 이빨과 튼튼한 턱으로 먹잇감을 뜯어 먹는 악어가 아니라 플랑크톤을 주로 먹는 악어예요.
아래턱에는 수염고래처럼 플랑크톤을 걸러 주는 수염이 있어요.

스토마토수쿠스는 몸길이가 10미터나 되는 커다란 악어지만, 절대 무섭지 않아요. 위턱에 가늘고 작은 이빨이 조금 있을 뿐 강하게 물 수 있는 날카로운 이빨이 없어요. 스토마토수쿠스의 가장 큰 특징은 펠리컨처럼 커다란 턱주머니가 있다는 거예요. 물과 함께 플랑크톤이나 작은 물고기를 들이마신 뒤에, 먹이만 걸러 먹지요. 백악기 후기에는 지구에 운석이 떨어져서 식량이 많이 부족했어요. 지구에 살던 생물의 70퍼센트가 멸종했는데, 이때 스토마토수쿠스도 멸종했을 가능성이 크지요.

- 몸길이　10미터
- 먹이　플랑크톤, 작은 물고기
- 서식지　이집트
- 멸종 시기　중생대 백악기

스토마토수쿠스 구출 작전

악어 발자국 화석

6천5백만 년 전, 이집트

다이노 마린

커다란 수박이 둥둥 떠다녔어요. 스토마토수쿠스는 입을 쩍 벌려 수박을 입 안에 쏙 숨겼지요.

그때 수박을 찾아 두리번거리는 친구를 만났어요. 하지만 스토마토수쿠스는 모르는 척하며 시치미를 뚝 떼었지요.

친구가 가자마자 스토마토수쿠스는 안도의 한숨을 쉬다가 그만 수박을 놓치고 말았어요.

깜짝 놀란 스토마토수쿠스는 수박을 따라가다가 거친 물살에 휩쓸리고 말았지요.

몸에 구조줄을 묶은 다이노맨은 스토마토수쿠스를 향해 몸을 던져 가까스로 꼬리를 잡았지요.

그러고는 스토마토수쿠스의 부탁을 받고 수박을 찾으러 강 속으로 들어갔지요.

스토마토수쿠스는 강 속 깊은 곳에서 수박을 찾았어요. 하지만 커다란 전기메기의 공격을 받아 온몸이 찌릿찌릿했어요.

다이노맨은 해초와 수중파를 발사해서 스토마토수쿠스를 구해 낸 뒤, 강 밖으로 나갔지요.

스토마토수쿠스는 친구한테 수박을 돌려주고 사과했어요. 그리고 모두 함께 수박을 맛있게 먹었지요.

다이노맨과 함께하는 OX 구출 작전

출발!

샤로빕테릭스는 넓은 날개를 펼쳐서 날아요!

털매머드의 귓구멍에는 여닫을 수 있는 뚜껑이 있어요.

프로콥토돈은 달콤한 꿀을 좋아해요.

디메트로돈은 돛 모양 지느러미로 체온을 조절해요.

스밀로돈의 송곳니는 20센티미터쯤 되어요.

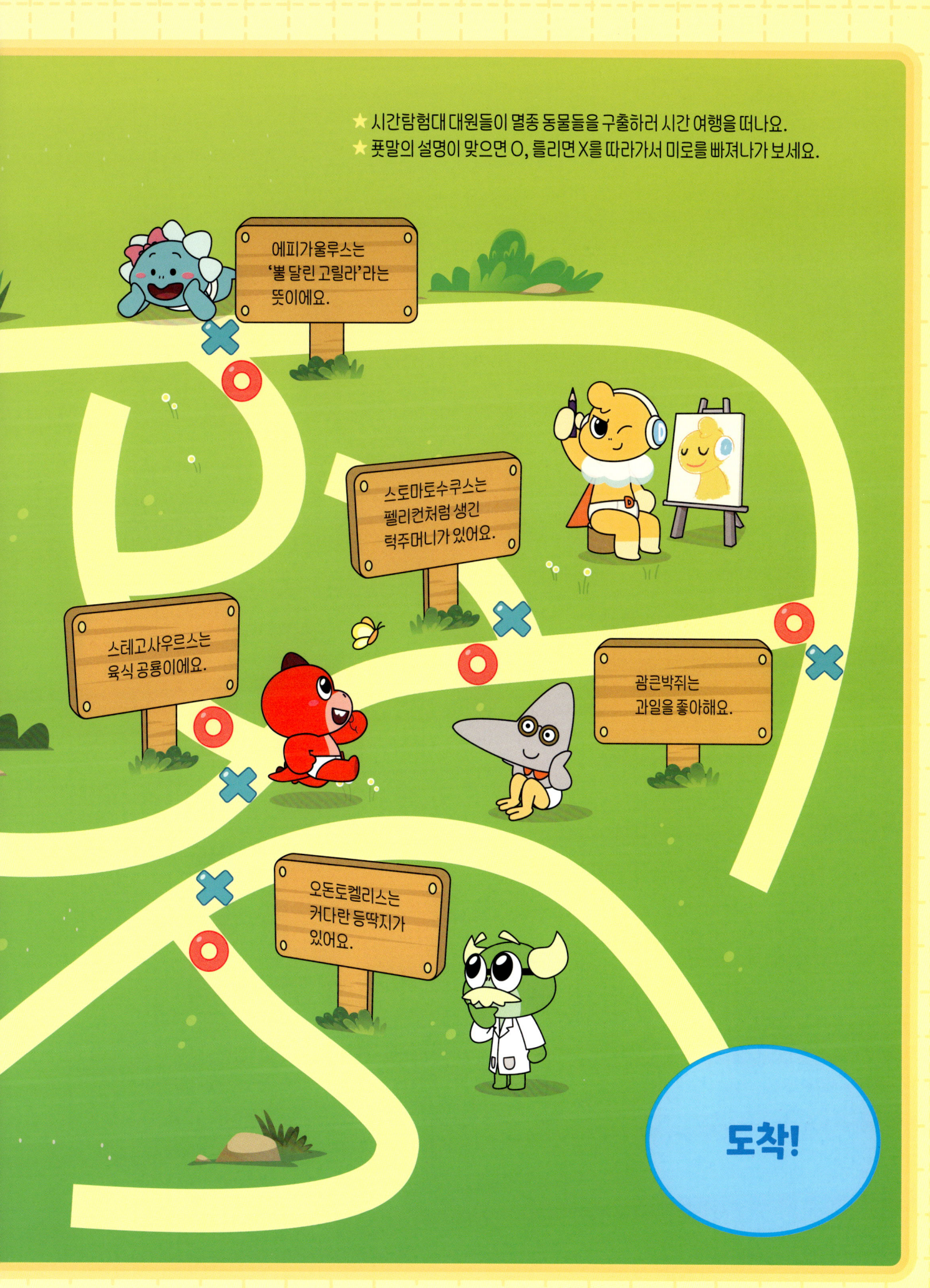

누구일까 맞혀 봐!

★ 설명을 잘 읽고 알맞은 동물을 찾아 선으로 이어 보세요.

최초의 원시 파충류로, 도마뱀처럼 꼬리가 길고 가늘어. 속이 빈 나무 그루터기에서 화석이 많이 발견되었지.

힐로노무스

돌고래와 비슷하게 생겼지만, 파충류야. 오징어의 조상인 벨렘나이트를 즐겨 먹어.

메이올라니아

육지에 살던 거북 가운데 가장 큰 거북으로, 머리에 크고 단단한 돌기가 두 개 있어서 등딱지 속에 들어갈 수 없어.

도도새

2미터나 되는 뿔이 이마에 우뚝 솟아 있는 코뿔소로, 시베리안 유니콘이라고도 불러.

엘라스모테리움

통통하고 느릿느릿한 날지 못하는 새야. 자기를 사냥하는 사람들을 피하지 않고 반갑게 다가가기까지 했대.

어룡

다른 그림을 찾아 봐!

★ 그림을 보고 서로 다른 부분 다섯 군데를 찾아 동그라미 해 보세요.